LE
COMITÉ DE SURVEILLANCE
DE
LA ROQUEBRUSSANNE (VAR)

PAR

M. EDMOND POUPÉ

MEMBRE NON RÉSIDANT DU COMITÉ DES TRAVAUX HISTORIQUES ET SCIENTIFIQUES

(Extrait du *Bulletin historique et philologique*, 1907.)

PARIS
IMPRIMERIE NATIONALE

—

MDCCCVIII

LE COMITÉ DE SURVEILLANCE

DE LA ROQUEBRUSSANNE (VAR)

LE
COMITÉ DE SURVEILLANCE
DE
LA ROQUEBRUSSANNE (VAR)

PAR

M. EDMOND POUPÉ

MEMBRE NON RÉSIDANT DU COMITÉ DES TRAVAUX HISTORIQUES ET SCIENTIFIQUES

(Extrait du *Bulletin historique et philologique*, 1907)

PARIS
IMPRIMERIE NATIONALE

MDCCCCVIII

LE COMITÉ DE SURVEILLANCE
DE LA ROQUEBRUSSANNE (VAR).

I

Les Comités de surveillance, établis dans chaque commune par le décret du 21 mars 1793, changèrent de nom fin septembre suivant. Ils devinrent des Comités révolutionnaires. En même temps leurs attributions s'étendirent. Chargés simplement à l'origine de la surveillance des étrangers, ils reçurent par la loi du 17 septembre 1793 la mission de dresser la liste des « suspects » et de décerner contre eux des mandats d'arrêt. Peu après, le décret du 14 frimaire an II leur confia l'application des lois révolutionnaires concurremment avec les municipalités.

Le rôle de ces Comités a été sévèrement jugé, même par les représentants en mission, dont ils étaient les collaborateurs. Il est évident que certains d'entre eux ont commis des abus de pouvoir, peut-être même des malversations [1]. Mais doit-on les envelopper tous dans la même réprobation? N'y eut-il pas des Comités qui, tout en faisant appliquer les lois révolutionnaires, surent rester justes, impartiaux et honnêtes? On ne pourra se prononcer avec certitude que le jour où leur rôle aura été étudié en détail dans les localités où ils furent constitués. Leur histoire est encore à faire. C'est dans le but de contribuer à sa future élaboration que l'on a tiré les détails suivants des délibérations du Comité de surveillance de la Roquebrussanne ou plutôt de Roquelibre, puisque tel fut le nom de cette localité pendant une partie de l'an II, pendant la Terreur [2].

[1] Cf. Aulard, *Histoire politique de la Révolution française*, p. 350-355.
[2] La Roquebrussanne, chef-lieu de canton, faisait partie du district de Brignoles et comptait, en l'an II, 1,352 habitants. (Cf. séance du Comité du 10 fructidor

II

Le Comité de surveillance de la Roquebrussanne fut nommé le 22 octobre 1793, par l'assemblée primaire de la commune, en présence d'un administrateur du département [1], chargé de parcourir les districts pour rallier les habitants autour de la Convention Nationale [2].

Le soir même, à 9 heures, les 12 membres du Comité [3] se réunirent dans une salle de la maison curiale, local de leurs séances, pour constituer le bureau. Il se composa d'un président [4], d'un vice-président [5] et de deux secrétaires [6]. On décida qu'il n'y aurait séance que le premier, le cinquième et le dixième jour de chaque décade [7].

Dans l'intervalle des réunions, le président et l'un des secrétaires, assistés de deux membres du Comité, furent chargés d'ouvrir les lettres et les «paquets» qui lui seraient adressés [8]. On ne se préoccupa point tout d'abord de la manière dont serait renouvelé le bureau. Ce fut seulement le 11 frimaire, environ un mois après sa constitution, que le Comité décida qu'il serait présidé alternativement par tous ses membres, en commençant par celui qui aurait obtenu le plus de voix lors de l'élection du 22 octobre et ainsi de suite [9]. Il ne fut question ni du vice-président, ni des secrétaires.

Dès les premiers jours, les séances n'eurent pas lieu avec la ré-

---

tidor an II.) En 1792, la Société populaire avait déjà changé le nom de cette localité et lui avait donné celui de la Roquevineuse, mais sans succès. (Cf. archives du greffe du Tribunal de Draguignan, période révolutionnaire, dossier n° 1142.) Les papiers de ce Comité de surveillance sont déposés aux archives départementales du Var: L. 2017, 2018.

[1] Lautard (Pierre-Louis-Hercule), professeur à Saint-Maximin.
[2] Cf. Séance du 12 ventôse an II.
[3] Ce furent Louis Canolle, Louis-Antoine Ollivier, Guillaume Borme, Joseph Simon fils, agriculteur; Pierre Degaye, agriculteur; Jean-Louis Castelan, tisserand; Jean-Baptiste Dupuy, menuisier; Jean-François Richard, notaire; Jean-François Reymonenq, Raymond Fortou, agriculteur; Louis Fortou, agriculteur.
[4] Louis Canolle, élu à l'unanimité.
[5] Louis-Antoine Ollivier.
[6] Guillaume Borme; Joseph Simon fils.
[7] Séance du 23 octobre.
[8] Séance du 22 brumaire.
[9] Séance du 11 frimaire. — Jean-François Richard prit la présidence.

gularité qui avait été décidée. Il arriva que le Comité resta trois ou quatre jours sans siéger, puis se réunit deux jours de suite. Les séances commençaient à 8 heures du soir et se terminaient vers 10 heures. Les membres du Comité n'étaient pas tous présents, mais ils furent toujours assez nombreux pour pouvoir délibérer légalement [1]. En nivôse, six d'entre eux furent obligés de cesser leurs fonctions en exécution du décret du 7 frimaire qui prescrivait que les membres d'un même Comité ne pouvaient être « parents jusqu'au 6° degré » [2].

La municipalité fut invitée à convoquer l'assemblée primaire pour remplacer les membres sortants. Celle-ci se réunit le 25 nivôse. Le lendemain, le Comité reconstitué [3] nomma son bureau, qui ne se composa plus que d'un président [4] et d'un secrétaire [5]. Il fut décidé que les séances auraient lieu tous les deux jours et commenceraient à 7 heures du soir [6].

A partir de fin nivôse, le bureau fut renouvelé tous les quinze jours, comme le prescrivait le décret du 14 frimaire an II sur le gouvernement révolutionnaire [7].

Les membres du Comité continuèrent à siéger avec une assiduité suffisante, cherchant avant tout à « étendre l'empire de la raison et de la philosophie sur les débris du fanatisme et de la superstition » [8], accueillant avec applaudissement la lecture des adresses

[1] La présence de 7 membres sur 12 était exigée par la loi.
[2] Séance du 11 nivôse. — Louis-Antoine Ollivier et Louis Capolle étaient cousins germains, Louis et Raymond Fortou, frères; Guillaume Borme et Louis Degaye, alliés aux Fortou; Jean-François Richard et Joseph Simon étaient cousins issus de germains.
[3] Il se composa de Jean-Louis Castelan, Louis Fortou, Louis-Antoine Ollivier, Jean-François Reymonenq, Jean-Baptiste Dupuy, Michel Laugier, anciens membres, et d'Eusèbe Brémond, François Borel, Thomas Reymonenq, Ambroise Roger, Jean-Baptiste Beuq, Honoré Roubaud, membres nouveaux.
[4] Castelan fut élu à l'unanimité.
[5] Jean-Baptiste Dupuy, élu aussi à l'unanimité.
[6] Séance du 26 nivôse. — Ce fut seulement le 16 thermidor, à la veille de sa suppression, que le Comité pensa à faire graver un cachet. Il invita Louis Jauffret, qui se rendait à Paris, à le faire faire dans cette ville. (Cf. séance dudit jour.)
[7] Ce renouvellement ne s'effectua pas très régulièrement, ainsi qu'il résulte des dates suivantes, qui indiquent les jours des élections : 10, 25 pluviôse; 10, 26 ventôse; 13, 29 germinal; 13, 29 floréal; 16 prairial; 3, 19 messidor; 6, 22 thermidor; 9, 26 fructidor.
[8] Séance du 20 pluviôse. — Compte décadaire.

du Comité de Salut public [1], décernant des éloges à un discours d'un citoyen originaire de la Roquebrussanne, domicilié à Paris, qui dans le sein de la « Société fraternelle de la section des Sans-Culottes » [2] avait exalté « les plus beaux traits de courage, de bravoure et de patriotisme des soldats de la République » [3].

Cependant, si cette assiduité fut générale, elle ne fut pas complète. A deux reprises, la séance fut renvoyée, le nombre des membres présents exigé par la loi n'ayant pas été atteint [4].

Le 20 floréal, le Comité fit célébrer une fête civique à l'occasion de la prise de Saorgio par les armées républicaines [5]. Il en informa la Convention par l'adresse suivante, dont le texte fut aussi communiqué à Barras, le principal triomphateur du mouvement fédéraliste varois [5].

> Citoyens représentants,
>
> La foudre révolutionnaire, préparée au foyer de la liberté, frappe les factieux, les royalistes, les conspirateurs, les aristocrates et les faux patriotes. Les ennemis intérieurs de la République sont abattus; plus loin les trônes chancellent et les satellites du despotisme pâlissent. La Pologne se lève, la Prusse est alarmée, l'Autriche pousse un dernier effort, l'Espagne recule, l'Angleterre frémit et intrigue, l'Italie, privée de son Capitole, redoute une seconde fois les Gaulois et craint pour ses dieux. Le tyran sarde est cerné par les républicains français. L'invasion subite de Saorgio est le présage de la chute de Turin et du triomphe de la République dans toute sa circonférence pendant cette campagne glorieuse. Ce succès de nos armes a été célébré aujourd'hui dans cette commune par une fête civique. La municipalité, la société populaire, le Comité de surveillance, tous les citoyens ont manifesté une joie républicaine. L'amour sacré de la liberté a allumé devant l'autel de la patrie un feu en signe de réjouissance. Animés par la présence et l'exemple mémorable des martyrs de la cause publique, nous avons renouvelé le serment de vaincre ou de mourir libres. Recevez nos serments, vertueux représentants, demeurez inébranlables dans votre poste; nos vœux seront accomplis. La France vous applaudit, l'Europe vous

---

[1] Par exemple les adresses du 28 nivôse et du 16 pluviôse. Séances du 25 pluviôse et du 9 ventôse.

[2] C'était alors le nom de la section du Jardin des Plantes.

[3] Ce citoyen s'appelait L.-F. Jauffret. Son discours, prononcé le 7 nivôse, avait été imprimé sur l'ordre de la Société de la section des Sans-Culottes. Cf. Séance du 12 ventôse.

[4] Le 26 germinal, le 16 floréal.

[5] Séance du 20 floréal.

admire, l'univers vous contemple. Achevez votre ouvrage sublime, soutenez, cultivez, protégez l'arbre de la liberté, jusques au moment heureux où ses vastes rameaux ombrageront le sol de la France, où la prospérité du peuple français attestera votre gloire et les vertus que vous avez mises à l'ordre du jour. Vive la République! Vive la Montagne [1]!

La Convention entendit la lecture de cette adresse, en décréta mention honorable et insertion au Bulletin [2].

Cette approbation ne put qu'exciter le zèle du Comité. Comme l'administration du département avait ouvert une souscription pour offrir un vaisseau de ligne à la Nation [3], il lui écrivit que les habitants de la commune contribueraient avec empressement à cette dépense [4].

Cependant, malgré ses protestations de confiance dans la politique de la Montagne [5], le Comité apprit sans déplaisir la chute de Robespierre, comme en témoigne l'adresse suivante qu'il envoya à la Convention [6]:

La patrie est sauvée, la terreur ne glace plus les esprits, le calme de l'opinion est rétabli, un tyran ne pèse plus sur la terre de la liberté, Robespierre et ses satellites sont abattus.

Cette secousse politique purifie le gouvernement et raffermit la république sur ses bases indestructibles. C'est le vent salutaire qui dans les chaleurs brûlantes de l'été, secoue l'atmosphère avec violence et dissipe les vapeurs infectes qui l'environnent. La révolution de la France est prononcée, sa marche est supérieure à la coalition du despotisme, son cours majestueux s'élève au-dessus des combinaisons impuissantes de l'esprit humain, la liberté et l'égalité, filles de la nature, répandront leur douce influence sur la plus belle partie de l'univers, les Français seront libres et heureux, tous

---

[1] Texte: L. 2017. — La lettre à Barras débute ainsi: «Le souvenir de vos vertus républicaines est dans notre mémoire et dans nos cœurs; nous avons été les témoins de vos talents, de vos travaux et de vos succès. Nous espérons, etc.» Ibid., id. — Cf. Moniteur, réimpression, XX, p. 602.

[2] Séance du 19 messidor. C'est le Comité des dépêches qui, par lettre du 8 messidor, informa le Comité de Surveillance de ces décisions. Cf. Moniteur, réimpression, XXI, p. 245.

[3] Séance du 28 messidor an II, L. 116.

[4] Séance du 9 thermidor.

[5] Le 16 messidor, il terminait encore une lettre au Comité de Salut public par ces mots: Vive la Convention! Vive la Montagne! Vive le Comité de Salut public! L. 2017.

[6] Séance du 30 thermidor. Texte.

les infâmes ouvriers des plans liberticides seront anéantis, leurs noms seront voués à l'infamie.

Vous avez renversé ces projets liberticides, citoyens représentants, par la grandeur de votre civisme, par la générosité de votre dévouement à la patrie, par la sagesse de vos résolutions, par l'énergie de vos mouvements, par l'ensemble de vos moyens d'exécution, par cette heureuse activité qui a entraîné vos démarches et devancé, pour ainsi dire, l'avenir. La liberté politique réside essentiellement dans le sein de la représentation nationale.

Vous consolidez encore l'édifice national en réalisant les vertus depuis longtemps mises à l'ordre du jour. Le décret qui honore la raison et la philosophie ne sera plus une vaine théorie, une loi d'ostentation, un règlement d'hypocrisie politique. La justice, la probité, les mœurs germeront dans l'âme des citoyens; elles seront organisées dans les établissements et les actes nationaux. Cette organisation morale sera un rempart formidable élevé par la vertu républicaine contre la tyrannie et les tyrans.

Cette «expression des sentiments» [1] du Comité semble indiquer qu'il affichait avant thermidor des opinions plus avancées qu'elles ne l'étaient en réalité. Sans doute il en fut de même des autres habitants de la localité. Le passage suivant, extrait d'un compte décadaire, le laisse tout au moins supposer [2] : «En général, les habitants de cette commune sont attachés à la république et sont placés à la hauteur révolutionnaire, mais les préjugés du fanatisme ne sont pas encore pleinement effacés. L'esprit public a besoin d'être éclairé et soutenu sur cette partie des superstitions religieuses.»

C'est le 1er vendémiaire an III que le Comité clôtura ses séances en exécution du décret du 7 fructidor précédent qui supprimait les Comités de surveillance, sauf dans les chefs-lieux de district. Il avait tenu 115 séances. Ses archives se composaient de deux cahiers de délibérations, d'un cahier de transcription de sa correspondance, d'un cahier contenant les déclarations de sommes dues aux émigrés, d'un autre cahier ouvert en exécution de la loi du 17 frimaire [3], d'une liasse de 130 lettres reçues, d'une autre liasse de lois et d'ar-

---

[1] Cf. lettre du 30 thermidor, L. 2017.
[2] Compte décadaire du 9 fructidor, L. 2017.
[3] Cf. séance du 14 pluviôse. On devait y inscrire les suspects non désignés dans la loi du 17 septembre 1793, avec l'indication du motif des mandats d'arrêt. Cf. Allard, *Hist. politique de la Révolution française*, p. 352.

rêtés. Le tout fut porté au Comité de surveillance de Brignoles, le seul qui subsista dans le district de ce nom[1]. Les tables, bureaux, chaises et lampes furent rendus à la municipalité.

III

La principale attribution des Comités de surveillance était de faire mettre en arrestation les « suspects » et les contre-révolutionnaires. Celui de la Roquebrussanne n'abusa pas de ce droit. Il se contenta d'ordonner l'incarcération d'un verrier et de sa femme, dont le fils s'était réfugié à Toulon[2], et de la femme d'un cultivateur arrêté lui-même par ordre du Comité de surveillance de Signes[3]. Cette dernière avait déclaré que son fils aîné, réfugié lui aussi à Toulon, n'y manquait de rien[4]. Il est vrai qu'il poussa le zèle un peu loin le jour où il fit arrêter les quatre enfants de l'ancien président de la section[5], âgés de 5 à 15 ans[6]. Il avait d'ailleurs atténué quelque peu cette mesure rigoureuse en spécifiant que l'une des filles resterait en liberté pour tenir compagnie à une tante qui se trouvait imbécile. Plus tard même, il appuya la pétition des enfants qui réclamaient leur élargissement[7]. Tous ces « suspects » furent incarcérés dans la maison d'arrêt du district, sise à Montfort[8].

Quelques autres contre-révolutionnaires furent aussi dénoncés par le Comité de la Roquebrussanne à d'autres Comités, mais il ne semble pas qu'ils aient été arrêtés. C'étaient ou des sectionnaires réfugiés à Toulon ou leurs femmes[9].

---

(1) Séance du 1ᵉʳ vendémiaire. Des archives du Comité il ne reste que les délibérations et la transcription de sa correspondance.

(2) Pons Victor Escrivan, 65 ans; Françoise Béraud, 55 ans. Séances des 22 octobre, 29 brumaire, 3 germinal, 30 prairial.

(3) Marie Fabre, 36 ans, femme de Jean Raymonenq Latin, 36 ans.

(4) Séances des 6 nivôse, 3 germinal, 16 messidor.

(5) Clair-Honoré Ollivier, avocat. Nommé électeur par la section, il avait fui à Toulon.

(6) François-Honoré Clair Ollivier, 15 ans; Joseph Ollivier, 13 ans; Pauline Ollivier, 10 ans; Marie Ollivier, 5 ans.

(7) Séances des 29 brumaire, 9 ventôse, 3, 29 germinal, 30 prairial, 16 messidor.

(8) Certains d'entre eux refusèrent de payer le contingent de leur garde comme dénués de ressources. Séance du 3 prairial.

(9) Par exemple Madeleine Abeille, femme d'Honoré Audigier, et la femme de François Broquier, tous deux réfugiés à Toulon. Séances des 14, 22 brumaire,

Après la reprise de Toulon par l'armée républicaine, le Comité ne manqua pas non plus de faire rechercher, conformément aux arrêtés des représentants du peuple, ceux qui avaient fui cette ville après sa reddition [1]. Il signala aussi aux autorités de Toulon 25 habitants de la Roquebrussanne qui étaient allés s'y enfermer avec les troupes fédéralistes [2], fit faire des perquisitions, inutilement du reste, pour arrêter divers suspects dénoncés par le Comité de Collobrières [3], invita le Comité de Néoules à chasser de son sein un ancien agent du seigneur qui en faisait partie, contrairement à la loi [4], demanda ses papiers à l'un de ses membres qui n'était pas originaire de la commune [5], exigea que les étrangers présentassent leurs passeports [6], prit des renseignements sur deux habitants de Trets nouvellement domiciliés dans la localité [7], examina diverses dénonciations sans grand intérêt [8], refusa d'intervenir en faveur d'un habitant de la Roquebrussanne voyageant sans passeport et arrêté à Tourves [9], fournit des renseignements au tribunal révolutionnaire, siégeant à Grasse, sur un habitant du lieu qui avait proposé à la section de brûler le bonnet de la liberté, était allé à Toulon fraterniser avec les fédéralistes et avait accueilli avec transport la force armée sectionnaire de passage à la Roquebrussanne et marchant vers Brignoles [10].

16 frimaire, 30 prairial. La première avait fui à Pourrières, la seconde à Saint-Julien.

[1] Séances des 30 frimaire, 14, 25 pluviôse, 3, 30 ventôse. — Certains fugitifs furent dénoncés par les Comités de Méounes, de Solliès, de Signes.

[2] Séance du 30 frimaire.

[3] Parmi lesquels Jean Pons Pellegrin, ex-agent du seigneur. Séances des 17 ventôse, 13 messidor, 6 thermidor. Sur le mouvement sectionnaire à Collobrières et sur Pellegrin, voir arch. du greffe du tribunal de Draguignan, période révolutionnaire. Dossiers 123, 146, 201.

[4] Séance du 22 brumaire. Cf. lettre du 23. L. 2017.

[5] Ambroise Roger, fils de Claude, sculpteur, baptisé à Valence le 19 avril 1760. Séances des 30 prairial, 29 thermidor.

[6] Séance du 9 fructidor. Ces étrangers étaient de Fayence.

[7] Les Ferry-Lacombe, frères, dont l'un était prêtre. Séances des 15 brumaire, 7, 16 frimaire.

[8] Séances des 4, 5, 9, 10, 12 prairial; 24, 27 octobre; 15 ventôse, 3 floréal, 13 prairial.

[9] Jean-Clair Ollivier. Séance du 10 messidor.

[10] Jean-Bonaventure Poncy. Séances des 27 frimaire; 7, 15 pluviôse. Poncy fut condamné à mort le 22 pluviôse et exécuté le même jour. Arch. du greffe du trib. de Draguignan. Période révolutionnaire, dossier n° 138.

Mais si le Comité fut sans pitié pour ce contre-révolutionnaire, il se montra plus miséricordieux pour une veuve de 74 ans, incarcérée dans la maison d'arrêt du district de Saint-Maximin. Il sollicita sa libération [1].

En somme le Comité semble ne pas avoir cherché à poursuivre à outrance les contre-révolutionnaires. Il ne souffrit pourtant point qu'on portât préjudice à l'ordre de choses établi.

Le 11 frimaire an 11, un chirurgien de l'armée devant Toulon en garnison à Solliès [2] avait écrit à sa femme que les subsistances faisaient défaut. La lettre circula. Le Comité écrivit à ce chirurgien pour lui reprocher sa conduite et le prier d'être plus circonspect à l'avenir. « Ne donnez que des nouvelles agréables et gardez [pour] vous celles qui seraient fâcheuses [3]. » Quelques mois plus tard, en messidor, un habitant [4] ayant reçu de son fils résidant à Nice une lettre alarmante, se la vit confisquer pour en empêcher la divulgation [5].

Le Comité fut parfois consulté sur la nomination de fonctionnaires publics. En frimaire, engagé par le Comité de surveillance de Brignoles à faire des propositions pour remplacer des administrateurs du district, il déclara s'en remettre à sa sagesse [6]. En pluviôse, il approuva les choix de la Société populaire qui avait désigné quatre candidats pour remplacer deux juges du tribunal du district mis en état d'arrestation [7]. Un mois après, il donna encore son approbation aux choix faits par la même Société. Il s'agissait de remplacer le juge de paix du canton, démissionnaire [8]. Quatre candidats furent présentés à l'administration du district [9].

---

[1] Anne Barthélemy, veuve Verdillon. Séance du 7 pluviôse. Elle avait protesté devant notaire contre un payement en assignats. Arch. du greffe précitées, dossiers n° 258, 407.
[2] Reymonenq fils.
[3] Séance du 16 frimaire. Cf. lettre du même jour, L. 2017.
[4] François Gau.
[5] Séance du 10 messidor.
[6] Séance du 27 frimaire.
[7] Séance du 25 pluviôse. Furent proposés : Gautier, ex-juge de paix de Brignoles; Gautier, ex-avoué au tribunal; Antoine Maquan, notaire; Le Brun père, marchand.
[8] Richard.
[9] Séance du 15 ventôse. Furent proposés : Louis Canolle père; Honoré Jauffret; Jean Reymonenq, Bastier; Joseph Audigier fils.

Conformément au décret du 14 frimaire, le Comité se préoccupa de l'exécution des lois.

Il demanda à l'administration du district de remplacer un membre de la commission chargée d'inventorier les meubles des émigrés [1]. Cette opération fut assez rapidement menée. Fin ventôse elle était presque terminée [2]. Quand on vendit les meubles, les acheteurs se pressèrent et les achetèrent à un prix supérieur à l'estimation [3]. Fin prairial, tout était vendu avantageusement pour la République [4].

Quant aux récoltes des terres appartenant à des émigrés, elles furent signalées au receveur de l'enregistrement à Méounes [5] pour qu'il les surveillât, ce qu'il promit de faire [6].

L'une des principales préoccupations du Comité fut de faire rejoindre les volontaires déserteurs. Dès le milieu de frimaire, il invita le commandant de la garde nationale à prendre des mesures de rigueur [7] et écrivit au commandant du 2ᵉ bataillon révolutionnaire de lui adresser la liste des manquants [8]. Malgré tout, les désertions continuèrent. En nivôse, le Comité manifesta l'intention de sévir contre les parents des déserteurs, en vertu du décret du 2 frimaire [9] et demanda des gendarmes à l'administration du district [10]. En germinal, il se décida à faire mettre deux déserteurs en arrestation [11] et écrivit au Comité révolutionnaire de Toulon pour lui signaler huit journaliers de l'Arsenal qui devaient être incorporés dans un bataillon [12]. Dans un but analogue il écrivit successivement aux Comités de Fréjus [13], de

---

[1] Il voulait remplacer Jean-François Reymoneng par Michel Laugier. Séance du 6 nivôse.
[2] Séance du 23 ventôse.
[3] Séances des 29 floréal, 9 prairial.
[4] Séance du 19 prairial.
[5] Garaud.
[6] Séances des 13, 16 messidor. Les récoltes visées provenaient de terres appartenant à la mère des émigrés Antoine et Alexandre-Alexis et à Étienne-Honoré Ollivier.
[7] Séance du 14 frimaire.
[8] Lettre du 21 frimaire, L. 1017. Séance du 22.
[9] Séance du 17 nivôse.
[10] Séance du 20 ventôse.
[11] Séance du 11 germinal.
[12] Séance du 23 germinal.
[13] Séance du 29 germinal.

Solliès-Toucas [1], de Rocbaron [2], de Flassans [3], d'Hyères [4]. Toutes ces mesures ne servirent guère, car, en prairial, le commandant de la garde nationale fut derechef requis d'arrêter les déserteurs [5]. Il voulut se décharger de cette mission sur son adjudant, mais le Comité l'invita à procéder lui-même aux arrestations [6]. Ce fut sans succès. En messidor et en thermidor, nouvelles menaces. Cette fois, des volontaires se mirent en route, mais sans doute pour peu de temps [7].

Ce souci de lutter contre les ennemis du dehors amena le Comité à établir un atelier de salpêtre [8]. Deux commissaires furent chargés de sa surveillance [9]. Il semble que le travail fut assez actif [10]. En floréal il fut envoyé à l'administration du district 300 livres de salpêtre environ [11], en prairial au moins 115 livres [12], en messidor autant [13], 150 en thermidor [14], 125 en fructidor [15]. Puis la production se ralentit. Les terres provenant du sol de l'église étaient de qualité inférieure [16].

Le Comité veilla aussi à ce que les cordonniers fournissent des souliers pour les volontaires dans les conditions prescrites par la loi [17].

L'exécution des lois sur le maximum et la circulation des assignats attira aussi son attention.

Dès brumaire il signala au Comité de surveillance de Brignoles

---

[1] Séance du 6 floréal.
[2] Séance du 9 prairial.
[3] Séance du 16 prairial.
[4] Séance du 26 prairial.
[5] Séance du 13 prairial.
[6] Séance du 10 prairial.
[7] Séances des 26 messidor, 13, 17, 22, 23, 26, 29 thermidor.
[8] Il fut placé sous la direction du citoyen Gautier.
[9] Séance du 29 germinal. Commissaires désignés : Louis Ollivier, Thomas Reymoneucq.
[10] En floréal, Gautier réclama un aréomètre. Il prétendit que le Comité de Salut public en ferait la concession gratuite. Séance du 3 floréal.
[11] Séances des 8, 19, 29 floréal.
[12] Séance du 29 prairial.
[13] Séance du 9 messidor.
[14] Séance du 9 thermidor.
[15] Compte décadaire du 9 fructidor, L. 2017.
[16] Compte décadaire du 19 fructidor, L. 2017.
[17] Séance du 28 nivôse, L. 2018. Compte décadaire du 19 fructidor, L. 2017.

une marchande de cette localité qui avait demandé 5o sous d'une indienne de 12 à 15 et l'invita à prendre des mesures contre les marchands qui établissaient une différence entre les assignats et le numéraire. Il écrivit dans le même sens aux Comités de Garéoult, Néoules, Méounes, Mazaugues, Tréts, Pourrières [1]. Les habitants de Besse furent dénoncés au Comité de Brignoles comme méprisant les assignats [2]. Les marchands de la Roquebrussanne furent invités à afficher dans leurs boutiques le tableau du maximum, ce qu'ils faisaient déjà d'ailleurs presque tous [3]. Deux commissaires, puis trois furent nommés pour veiller à son exécution [4]. Ces mesures permirent au Comité de certifier aux autorités supérieures que le maximum était respecté dans la commune [5].

La question des subsistances ne le laissa pas non plus indifférent. Fin brumaire, il refusa du blé au Comité de surveillance de la Cadière, en alléguant que les habitants manquaient de pain pour la plupart, et qu'ils n'avaient à leur disposition que des haricots, des pommes de terre et des fèves [6].

Pour éviter une famine possible, il fit recenser les subsistances [7], puis il invita la municipalité à veiller à ce qu'on trouvât de l'huile pour la consommation journalière [8], à ce que les malades eussent de la viande en suffisance [9]. De son côté le conseil communal fit des approvisionnements. En nivôse, l'administration du district lui adressa 3oo charges d'orge et 3oo charges de froment [10]. Pour faire bénéficier les habitants de cette réserve, la municipalité distribuait des bons de pain à ceux qui n'avaient plus de blé. Mais

---

[1] Séance du 22 brumaire.
[2] Lettre du 26 brumaire, L. 2017.
[3] Séance du 14 pluviôse.
[4] Séances des 20 pluviôse, 9 thermidor, 4 fructidor.
[5] Compte décadaire du 20 ventôse, L. 2017. En thermidor, le Comité demanda à la municipalité des éclaircissements sur une vente de savon qui ne lui paraissait pas régulière. Séances des 20, 26 thermidor, 6 fructidor.
[6] Séance du 30 brumaire.
[7] Séance du 11 frimaire.
[8] Lettre du 26 nivôse, L. 2017.
[9] Séance du 20 pluviôse.
[10] Séance du 30 nivôse. La charge de froment fut évaluée à 36 livres 15 sous en numéraire, à 9o livres en assignats. Le Comité communiqua la lettre de l'administration du district à Barras et à Fréron, sans doute parce qu'elle établissait une différence entre le numéraire et le papier. Cf. lettre du 30 nivôse, L. 2017.

certains particuliers réclamèrent de ces bons tout en ayant du blé à leur disposition. On le sut. Le Comité menaça de sévir contre eux [1].

Contrairement à l'avis du Conseil municipal, il refusa d'organiser un bureau de subsistances, sous prétexte que ce serait violer les lois révolutionnaires [2]. Pourtant la récolte n'avait pas été abondante [3].

Les semailles ne se faisaient pas, faute de cultivateurs et de bêtes de somme, et aussi parce que la terre était durcie par les chaleurs [4].

Ce fut aussi le Comité qui s'occupa, conjointement avec la Société populaire et la municipalité, de la répartition de la somme allouée à la commune pour secourir les indigents, sur les 10 millions votés dans ce but le 13 pluviôse par la Convention. La somme à répartir était de 482 livres [5]. Quatre commissaires du Comité [6], aidés par quatre commissaires de la Société populaire et quatre autres de la municipalité, dressèrent la liste des indigents, et répartirent entre eux les 482 livres [7], mais ils n'évitèrent pas quelques réclamations [8].

Le Comité consacra son activité à bien d'autres questions : visa des certificats de civisme [9], envoi de «marteaux, boutons et accessoires en laiton» à l'administration du district [10], réquisition des armes des habitants [11], versement dans la caisse municipale des fonds dus à la congrégation de Saint-Éloi [12], dissolution de réunions

[1] Séance du 30 messidor.
[2] Séance du 9 thermidor.
[3] Compte décadaire du 19 thermidor, du 9 fructidor, L. 2017.
[4] Compte décadaire du 19 fructidor, L. 2017.
[5] Pour le district, le contingent était de 9,445 livres 9 sous.
[6] Les quatre commissaires du Comité furent : Jean-Baptiste Bosq, Louis Castellan, François Borel, Thomas Reymonenq.
[7] Séance des 30 ventôse, 3, 10, 19 floréal.
[8] Séance du 26 floréal, L. 2018. Lettre dudit jour à Cadar, commandant du 7ᵉ bataillon du Var, L. 1017.
[9] Il en visa 18. Séances des 24 octobre, 3, 10 prairial, 6 messidor, 17, 23 thermidor, 3 fructidor.
[10] Séance du 29 brumaire.
[11] Séances des 29 brumaire, 11 frimaire. Pour s'assurer de l'exécution de l'ordre, le Comité prescrivit des visites domiciliaires.
[12] Séance du 22 frimaire. Le mot de congrégation fit faire au Comité une singulière confusion. Il crut un instant qu'il devait faire prêter le serment prescrit

en « chambres susceptibles de troubler la « tranquillité du pays »[1], désignation de candidats pour l'École de Mars[2], organisation de l'enseignement primaire[3], application de la loi sur le cumul des fonctions[4], réparation du chemin de la Roquebrussanne à Toulon traversé et dégradé par les eaux du « ruisseau d'arrosage »[5].

Le Comité intervint même dans des affaires d'ordre privé. Un habitant de la Roquebrussanne[6] était allé habiter Brignoles avec son fils. Il avait emporté son mobilier et des comestibles. Au bout d'un mois le fils renvoya le père, mais garda les meubles et les provisions. Le Comité de Brignoles fut avisé par celui de la Roque avec prière de faire une enquête sur ces faits, de faire comparaître le fils devant lui, pour le « ramener à ses devoirs et à des sentiments qu'il n'aurait pas dû méconnaître »[7].

IV

De l'exposé précédent il résulte que le Comité de surveillance de la Roquebrussanne n'a pas commis d'abus de pouvoir et qu'il a toujours eu le souci de ne pas sortir de la légalité. Sans doute, il a décerné des mandats d'arrêt contre des femmes et des enfants, mais c'est parce qu'il a « cru satisfaire aux lois de sûreté générale »[8] et non pour satisfaire des rancunes particulières. Il a surveillé l'application des lois révolutionnaires, comme c'était son devoir, mais on ne peut lui reprocher aucun excès de zèle. Vis-à-vis des déserteurs il a même fait preuve de longanimité. Dans certains cas il est vrai, il est sorti de ses attributions, mais c'était dans l'inté-

---

par la loi du 14 août 1792 aux femmes qui faisaient partie, sous l'ancien régime, d'une « congrégation » possédant une chapelle où l'on célébrait les offices. Il avait pensé que congrégation était synonyme de confrérie.

[1] Séance du 5 ventôse.
[2] Séance du 27 prairial. Le Comité désigna Dominique Pierre Blanc, de Solliès, 17 ans 6 mois; Nicolas Reboul, 17 ans et quelques mois, tous deux résidant à la Roquebrussanne.
[3] Séances des 3, 10 messidor.
[4] Séance du 10 messidor. Il s'agissait d'un certain Roubaud, qui était à la fois secrétaire de la commune et percepteur des impositions.
[5] Séance du 6 messidor.
[6] Jean Malouse.
[7] Séance du 28 nivôse.
[8] Lettre du 10 ventôse, L. 2017.

rêt général pour que l'ordre ne fût pas troublé, ou dans un but de moralité, pour réprimer une ingratitude filiale. On ne saurait l'en blâmer. Dans ces conditions ne peut-on pas conclure que le Comité de la Roquebrussanne n'est pas à mettre au rang de ceux qui ont dépopularisé la Révolution aux yeux de la postérité et lui ont nui au lieu de la servir ?

www.ingramcontent.com/pod-product-compliance
Lightning Source LLC
Chambersburg PA
CBHW060934050426
42453CB00010B/2016